essentials

essentials liefern aktuelles Wissen in konzentrierter Form. Die Essenz dessen, worauf es als „State-of-the-Art" in der gegenwärtigen Fachdiskussion oder in der Praxis ankommt. *essentials* informieren schnell, unkompliziert und verständlich

- als Einführung in ein aktuelles Thema aus Ihrem Fachgebiet
- als Einstieg in ein für Sie noch unbekanntes Themenfeld
- als Einblick, um zum Thema mitreden zu können

Die Bücher in elektronischer und gedruckter Form bringen das Fachwissen von Springerautor*innen kompakt zur Darstellung. Sie sind besonders für die Nutzung als eBook auf Tablet-PCs, eBook-Readern und Smartphones geeignet. *essentials* sind Wissensbausteine aus den Wirtschafts-, Sozial- und Geisteswissenschaften, aus Technik und Naturwissenschaften sowie aus Medizin, Psychologie und Gesundheitsberufen. Von renommierten Autor*innen aller Springer-Verlagsmarken.

Weitere Bände in der Reihe http://www.springer.com/series/13088

Peter Rinderle

Ethik der Pandemie

 Springer VS

Peter Rinderle
Berlin, Deutschland

ISSN 2197-6708   ISSN 2197-6716 (electronic)
essentials
ISBN 978-3-658-35451-0   ISBN 978-3-658-35452-7 (eBook)
https://doi.org/10.1007/978-3-658-35452-7

Die Deutsche Nationalbibliothek verzeichnet diese Publikation in der Deutschen Nationalbibliografie; detaillierte bibliografische Daten sind im Internet über http://dnb.d-nb.de abrufbar.

Planung/Lektorat: Frank Schindler
Springer VS ist ein Imprint der eingetragenen Gesellschaft Springer Fachmedien Wiesbaden GmbH und ist ein Teil von Springer Nature.
Die Anschrift der Gesellschaft ist: Abraham-Lincoln-Str. 46, 65189 Wiesbaden, Germany

Was Sie in diesem *essential* finden können

- Ethische Fragen und empirische Fakten über globale Infektionskrankheiten
- Eine Präsentation und Bewertung verschiedener philosophischer Antworten
- Eine Darstellung politischer Strategien auf der Makro-Ebene
- Eine Begründung individueller Pflichten auf der Mikro-Ebene
- Eine Reflexion über die ethische Bedeutung von Wissenschaften

Vorwort

Die Corona-Krise stellt die ganze Menschheit vor eine Reihe neuer Herausforderungen: Sie zwingt uns zu dramatischen Veränderungen unserer privaten Lebensführung, sie verlangt teils höchst umstrittene politische Maßnahmen zum Schutz der Gesundheit und zur Verteilung knapper Ressourcen, sie macht eine große Anstrengung der Wissenschaften erforderlich, und sie hat nicht zuletzt große Auswirkungen auf unser Selbstverständnis und die kulturellen Identität von Gemeinschaften.

Dieses Büchlein gibt einen Überblick über die wichtigsten Fragen und Probleme, die eine Pandemie für die philosophische Ethik aufwirft. Es soll damit zur Orientierung unseres Handelns beitragen. Zunächst bedarf es dabei einer sorgfältigen Analyse einiger wichtiger Begriffe, anschließend sollen die Grundlagen und Grenzen von staatlich verfügten Beschränkungen verschiedener Freiheiten untersucht werden, weiterhin müssen wir die Kriterien für eine Verteilung knapper Ressourcen bei der Gesundheitsversorgung auf den Prüfstand stellen, und nicht zuletzt haben wir einen Blick auf die wissenschaftlichen, politischen und kulturellen Herausforderungen der Krise zu werfen.

Der vorliegende Text ist eine überarbeitete Fassung des Kapitels „Gesundheit in Zeiten der Pandemie" aus meinen vor kurzem im Metzler Verlag erschienenen „Grundlinien einer globalen Ethik. Gerechtigkeit, Politik und Kultur im 21. Jahrhundert". An einigen Stellen habe ich dieses Kapitel leicht gekürzt; das vorliegende 7. Kapitel „Zur Bedeutung der Wissenschaften" habe ich für dieses Buch ganz neu geschrieben.

Inhaltsverzeichnis

Einleitung

Die globale Ausbreitung des Corona-Virus in den Jahren 2020 und 2021 hat die ganze Welt unvorbereitet getroffen. Niemand konnte mit dieser Katastrophe rechnen, niemand war auf sie vorbereitet, und niemand kann die langfristigen Konsequenzen dieses Ereignisses abschätzen. Manche Kriege mögen weitaus grausamer gewesen sein und insgesamt mehr Schaden und Leid verursacht haben. Selbst die beiden Weltkriege des 20. Jahrhunderts waren im Vergleich zur Corona-Pandemie der Gegenwart aber mehr oder weniger begrenzte Krisenerscheinungen.

Das Wort „Pandemie" leitet sich aus dem altgriechischen Wort „pandemios" ab; es setzt sich zusammen aus „pas" bzw. „pan" für „jeder, ganz, all" und „demos" für Volk und bedeutet „das ganze Volk betreffend". Das Wort „Epidemie" (aus „epi" für „auf, bei" und „demos" für „Volk") bedeutet dagegen „im Volk verbreitet" und bezeichnet eine örtlich und zeitlich begrenzte Verbreitung einer Krankheit (vgl. Snowden 2019, S. 33). Insbesondere bei der Corona-Pandemie kann von einer weltumgreifenden und alle Menschen betreffenden Krise gesprochen werden. Innerhalb nur weniger Tage ist die Gesundheit somit zum zentralen Problem der privaten Lebensführung, der nationalstaatlichen Politik und der internationalen Beziehungen avanciert.

Einerseits hat die Corona-Krise nun zwar ein globales Ausmaß (vgl. Labonté und Ruckert 2019, *10. Infectious disesases in the age of globalization*); andererseits haben zunächst die Einzelstaaten das Heft des Handelns an sich gerissen. Von einer internationalen Kooperation konnte längere Zeit nicht die Rede sein. Bei dieser Krise haben wir es also mit einem paradoxen Phänomen zu tun, das eine globale Dimension hat und sich weder von politischen Grenzen noch kulturellen Unterschieden beeindrucken lässt, zur gleichen Zeit aber einige Manifestationen der Globalisierung radikal in Frage stellt und zu einer Rückbesinnung auf die Verantwortung einzelner Nationalstaaten führt. Darin unterscheidet sich

P. Rinderle, *Ethik der Pundemie*, essentials, https://doi.org/10.1007/978-3-658-35452-7_1

die Corona-Krise übrigens grundlegend von der Krise des Klimawandels (vgl. Tännsjö 2021).

Was kann sich der Leser nun von einer „Ethik" der Pandemie erwarten? Ganz allgemein hat eine Ethik (vgl. Rinderle 2021a, *1. Was ist und was will eine globale Ethik?*) die Aufgabe, die vielfältigen und teils auch widersprüchlichen Maßstäbe der Bewertung unseres individuellen Handelns und unserer politischen Institutionen einer kritischen Untersuchung zu unterziehen. Die Disziplin der Ethik ist ein normatives Unternehmen: Sie widmet sich nicht der *Erklärung* oder *Beschreibung* bestimmter Phänomene, ihr Augenmerk gilt den besonderen Gründen, die wir bei der *Rechtfertigung* oder *Kritik* unseres Lebens in Gemeinschaft mit anderen Menschen verwenden. Ein besonders wichtiger Maßstab ist dabei die Moral bzw. die Gerechtigkeit; ein weiterer Maßstab, an dem wir unser Handeln ausrichten, ist das gute Leben bzw. das Glück (vgl. Quante 2011, *I.2 Grundfragen der philosophischen Ethik*). Als zentrale Probleme einer Ethik der Pandemie kann man also die Frage nach der moralischen Rechtfertigung unserer (individuellen und politischen) Reaktionen auf diese globale Katastrophe einerseits sowie die Frage nach den Auswirkungen auf eine Vorstellung des guten und gelungenen Lebens in unterschiedlichen Kulturen andererseits bezeichnen.

Zum Aufbau des vorliegenden Büchleins: In Kap. 2 werde ich mich einigen Fragen zum Begriff und Wert der Gesundheit zuwenden und einige Fakten über die gegenwärtige Corona-Krise präsentieren. Danach möchte ich in Kap. 3 auf ethische Schwierigkeiten eingehen, die das Eingreifen von staatlichen Institutionen aufwerfen, und insbesondere der Frage nachgehen, ob und in welchem Umfang der Schutz der Gesundheit eine Einschränkung bestimmter Freiheitsrechte rechtfertigen kann. In Kap. 4 soll die Frage beantwortet werden, welche wirtschaftlichen Opfer zum Zweck des Schutzes der Gesundheit akzeptabel erscheinen. Im Anschluss daran wende ich mich zwei Problemen zu, die auf einer Mikro-Ebene angesiedelt sind. Zunächst werfe ich in Kap. 5 die Frage auf, welche moralischen Pflichten die Forderung nach einem ausreichenden Maß von Gesundheit für Individuen begründen kann. In Kap. 6 möchte ich mich der Frage zuwenden, welche Pflichten diese Forderung für diejenigen Menschen beinhalten, die von Berufs wegen mit dem Schutz der Gesundheit zu tun haben. In Kap. 7 gehe ich auf die Bedeutung der Wissenschaften im Rahmen einer Ethik der Pandemie ein, und in Kap. 8 soll die Perspektive erweitert und auf politische und kulturelle Herausforderungen der Corona-Krise eingegangen werden.

Begriff und Wert der Gesundheit

Werfen wir zuerst einen Blick auf den Begriff „Gesundheit" (vgl. Schröder-Bäck 2014, *2.2 Was ist Gesundheit eigentlich?; Holland* 2015, S. 112 ff.). Sehr oft wird dieser Begriff in einem *negativen* Sinn als eine Abwesenheit von Krankheit verstanden. Wenn man den Begriff „Krankheit" als die Störung eines „normalen" körperlichen oder geistigen Funktionierens versteht, so kann ein Mensch in diesem ersten Sinne dann als gesund bezeichnet werden, wenn bei ihm keine körperlichen oder psychischen Störungen vorliegen. In den genaueren Inhalt dieser Norm können unterschiedliche Wertvorstellungen einfließen, und die Vorstellung eines gesunden Menschen kann von Kultur zu Kultur – und von Person zu Person – variieren (vgl. Hanrieder 2016).

Die Weltgesundheitsorganisation (*World Health Organization,* kurz: WHO) versteht den Begriff Gesundheit dagegen in einem *positiven* Sinn. In der Verfassung der WHO (2006, 1) wird Gesundheit als „a state of complete physical, mental and social wellbeing, and not merely the absence of disease and infirmity" bezeichnet. Gesundheit wird dort also mit dem umfassenden Wohlbefinden eines Menschen gleichgesetzt. Man kann sich allerdings fragen, ob dieser Begriff der Gesundheit nicht zu ambitioniert ist. Denn das körperliche und seelische Wohlbefinden des Menschen würde man wohl eher als einen Zustand des Glücks ansehen, und nicht jedes Defizit des Wohlbefindens wird man zu einem gesundheitlichen Defizit machen wollen (vgl. Powers und Faden 2006, S. 17).

Aus verschiedenen Gründen empfiehlt sich daher eine Trennung der Begriffe „Gesundheit" und „Glück". Insbesondere in Zeiten der Pandemie dürfte gelten: Die Verhinderung einer Infektion etwa mit dem Corona-Virus garantiert natürlich kein umfassendes Wohlbefinden. Zweifellos wird man die Gesundheit als ein wichtiges *Mittel* zur Förderung des Glücks verstehen dürfen (vgl. Daniels 2008,

© Der/die Autor(en), exklusiv lizenziert durch Springer Fachmedien Wiesbaden GmbH, ein Teil von Springer Nature 2021
P. Rinderle, *Ethik der Pundemie*, essentials,
https://doi.org/10.1007/978-3-658-35452-7_2

S. 35). Aber daraus folgt nicht, dass die Gesundheit eine notwendige oder auch nur eine hinreichende *Bedingung* für das menschliche Glück darstellt.

Der Stand und die Verteilung der Gesundheit werden maßgeblich auch immer von den ökonomischen, politischen und kulturellen Verhältnissen in einer Gesellschaft geprägt. Man spricht heute von einer sozialen Determination von Gesundheit durch Faktoren wie Erziehung, persönliche Beziehungen oder Einkommensverteilung (vgl. Venkatapuram 2019, S. 268); und das Wissen über diese kausale Abhängigkeit führt zu einer Verschiebung der moralischen Verantwortlichkeit für die Gesundheit von Individuen hin zu sozialen Institutionen und politischen Akteuren (Venkatapuram 2019, S. 272).

Was den tatsächlichen Stand der Gesundheit im weltweiten Kontext anbelangt, so möchte ich nur eine kleine Auswahl von Fakten präsentieren (vgl. WHO 2019, *4. Infectious Diseases*). Wie auch in den Jahren zuvor starben im Jahr 2019 etwa 1,5 Mio. Menschen an Tuberkulose; und seit mehr als 40 Jahren wurde kein neues Medikament gegen diese Krankheit entwickelt (Labonté und Ruckert 2019, 223). Rückgängig, aber immer noch erschreckend hoch, sind dagegen die Zahlen der Menschen, die an anderen Infektionskrankheiten sterben. An AIDS starben im Jahr 2019 rund 770 000 Menschen, und der Malaria fielen im gleichen Jahr 435 000 Menschen zum Opfer.

Bereits 2003 wurde durch ein Corona-Virus die erste Pandemie des 21. Jahrhunderts ausgelöst, und auch damals trat das Schwere Akute Respiratorische Syndrom (SARS) zuerst in China auf. Das Infektionsgeschehen weitete sich anschließend nach Hongkong, Taiwan, Singapur und Kanada aus. Damals starben weltweit rund 800 Menschen an der Infektion (vgl. Fidler 2004, *5. Brief History of the Global SARS Outbreak of 2002/3;* Snowden 2019, S. 471). Die jüngste Pandemie ist höchstwahrscheinlich auf eine Übertragung des Corona-Virus SARS-CoV-2 von Tieren auf Menschen auf einem Wildtiermarkt in der chinesischen Stadt Wuhan zurückzuführen. Die ersten Fälle der von diesem Virus ausgelösten COVID-19-Erkrankung traten im Dezember 2019 auf; Anfang September 2021 beliefen sich die Zahl der Infizierten weltweit auf etwa 221 Mio. und die Zahl der Todesopfer auf etwa 4,5 Mio. Menschen.

Wenn wir nun noch einen ersten Blick auf ethische Probleme und dabei vor allem auf die Frage nach einer fairen Verteilung der Gesundheit unter den Menschen werfen wollen, so herrscht heute ein recht breiter Konsens darüber, dass der Schutz und die Förderung der Gesundheit Bestandteil einer Theorie der Gerechtigkeit einerseits und einer Theorie des guten Lebens andererseits sind. Die Kontroverse entzündet sich allerdings insbesondere an der Frage, wie eine gerechte Verteilung der Gesundheit unter den Menschen angesichts knapper Ressourcen auszusehen hat (vgl. Daniels 2008, *3. When Are Health Inequalities*

Unjust?; Smith und Upshur 2019, S. 4 ff.). Darüber hinaus gibt es intensive Debatten über den Stellenwert der Gesundheit in einem guten, gelungenen Leben. Für einen Egalitaristen sollten alle Menschen möglichst über das gleiche Maß an Gesundheit verfügen oder den gleichen Umfang an Gesundheitsversorgung erhalten. Diese Idee ist jedoch schon allein deshalb in einem schlechten Sinne utopisch, weil die Gesundheit eines einzelnen Menschen eben zu einem gewissen Teil immer auch ein Resultat der Willkür der Natur ist und das Erkranken von einzelnen Individuen nur begrenzt von menschlichen Entscheidungen beeinflussbar ist. Ein Utilitarist tut sich in dieser Frage sehr viel leichter. Er fordert die Realisierung des größten Kollektivnutzens, und im vorliegenden Fall bedeutet das ein Maximum an Gesundheit aller lebenden Menschen (vgl. Holland 2015, S. 21). In einer radikalen Variante dieser Theorie mag sogar der Tod einiger Menschen akzeptabel erscheinen, wenn dadurch eine Verbesserung des Gesundheitszustandes mehrerer anderer Menschen erreicht werden kann.

Dabei ist es eine offene Frage, ob die Bewertung der Gesundheitsversorgung – wie vielfach angenommen – von einer utilitaristischen Auffassung beherrscht sein muss (Powers und Faden 2006, S. 80 ff.; Faden et al. 2020, *2.2 Aggregation, Goal Setting and Resource Allocation*). Für einen Suffizientaristen sind solche Überlegungen nämlich tabu (vgl. Rinderle 2021a, *4.3 Kosmopolitischer Suffizientarismus*). Er räumt der schlechtergestellten Person – im vorliegenden Fall also einem schwerkranken Patienten – ein kategorisches Recht auf eine Vorzugsbehandlung ein, ohne doch eine absolute Gleichstellung aller Patienten zu fordern. Mit der Vorzugsbehandlung von schwerkranken Patienten trägt ein Arzt allerdings *indirekt* auch zu einer Verringerung einer ungleichen Gesundheitsverteilung bei (vgl. Daniels 2008, S. 87).

Die Vision einer suffizientaristischen Distribution des Guts „Gesundheit" verlangt somit weder eine illusorische Gleichheit aller Menschen noch auch eine intuitiv unplausible Maximierung der Effizienz bei der Gesundheitsversorgung (vgl. Daniels 2008, S. 106). Der Suffizientarist stellt sich aber nicht nur gegen das konsequentialistische Gebot einer Vermehrung des Nutzens, er wendet sich auch gegen die Auffassung, die schlechtestgestellten Personen seien immer und unter allen Umständen zu bevorzugen. Die Kernforderung einer suffizientaristischen Idee der Gerechtigkeit besteht darin, dass alle Menschen ein Leben oberhalb einer bestimmten Schwelle führen können, die man als ein ausreichendes Maß an Gesundheit ansehen kann.

Dieses Ideal „Genug Gesundheit für alle Menschen!" wird inzwischen auch als ein Menschenrecht anerkannt (vgl. Wolff 2012; Schramme 2019, S. 79 ff.). Das universelle Recht auf Gesundheit wird im Artikel 25 der *Allgemeinen Erklärung der Menschenrechte* von 1948 und dann noch einmal im Artikel 12 des 1966 von der Generalversammlung der Vereinten Nationen verabschiedeten *Internationalen Pakts über wirtschaftliche, soziale und kulturelle Rechte* aufgeführt. Auch in der im Jahr 2016 in Kraft getretenen Agenda 2030 für eine nachhaltige, weltweite Entwicklung wird im dritten Ziel bis zum Jahr 2030 ein gesundes Leben für alle Menschen jeden Alters gefordert (United Nations 2020, S. 28 ff.).

Wenn wir nun auch noch nach dem Stellenwert der Gesundheit in einem guten Leben fragen, so gilt es zweierlei zu beachten: Zum einen steht die Gesundheit nicht nur in einer Konkurrenz zu anderen Gütern wie etwa der Freiheit oder dem Vergnügen; und zum anderen setzt sich dieses Gut selbst aus verschiedenen Gütern zusammen, die untereinander in einen Konflikt geraten können (vgl. Powers und Faden 2006, *6.7 Trade-Offs within Health*). Der Wert der Länge eines Lebens kann etwa mit dem Wert der Schmerzfreiheit kollidieren. Die Antwort auf die Frage, welchen Stellenwert die Gesundheit zuletzt einnimmt, wird man daher zu einem nicht geringen Teil als ein Ergebnis der politischen Selbstbestimmung einer Gemeinschaft und der eigenverantwortlichen Lebensführung eines Individuums ansehen können (vgl. Daniels 2008, S. 109). Da die Kriterien für eine faire oder gerechte Verteilung der Gesundheitsversorgung nicht von vornherein feststehen und es auch keinen Konsens über Prinzipien der Ressourcenallokation im Gesundheitswesen gibt, wird man sie im Rahmen eines fairen Prozesses des gemeinsamen Beratens, Abwägens und Entscheidens ermitteln müssen (vgl. Powers und Faden 2006, S. 179).

Freiheit und Gesundheit im Widerstreit? 3

Eine suffizientaristische Idee der Gerechtigkeit spricht jedem Menschen das Recht auf eine ausreichende Versorgung mit bestimmten Grundgütern zu. Zweifellos wird man das Leben und die Gesundheit als Grundgüter für einen jeden Menschen ansehen müssen. Das bloße Leben ist jedoch nicht das einzige Grundgut, und die Gesundheit ist ein Wert, der verschiedene Dimensionen enthält. Deshalb kann es zu Konflikten mit dem Interesse an anderen Grundgütern kommen.

Die Corona-Pandemie stellt die philosophische Ethik nun insbesondere vor die Frage: Was sollen wir tun, wenn das Recht auf Leben und Gesundheit mit dem Recht auf bestimmte Freiheiten kollidiert? Besonders schwierig wird diese Frage nach dem Stellenwert unterschiedlicher Rechte dann, wenn das Recht auf Leben einer bestimmten Gruppe von Menschen in einen Widerstreit mit dem Recht auf Freiheit einer anderen Gruppe von Menschen gerät. Von den gravierenden Freiheitseinschränkungen, die im Zuge der Corona-Krise eingeführt wurden, profitiert nämlich in erster Linie ja doch die kleine Gruppe von Menschen, die ein besonders hohes Risiko haben, an den Folgen einer Infektion mit dem Virus zu sterben.

Für die Ethik lautet die entscheidende Frage demnach, ob diese Einschränkungen der Freiheit aller Bürger überhaupt mit dem Hinweis auf den Schutz der Gesundheit von Mitgliedern der Risikogruppe älteren Menschen und Vorerkrankten zu rechtfertigen sind. Wir haben es hier mit einer besonderen Ausprägung des allgemeinen Spannungsverhältnisses zwischen Individualrechten und öffentlichem Wohl zu tun (vgl. Selgelid 2011). Zwar haben die Freiheitseinschränkungen zunächst weltweit eine sehr breite Akzeptanz erfahren. Die Frage nach der Berechtigung dieser Einschränkungen wird aber spätestens dann wieder von mehr als nur akademischer Relevanz, wenn es darum geht, eine Entscheidung über die

P. Rinderle, *Ethik der Pundemie*, essentials, https://doi.org/10.1007/978-3-658-35452-7_3

Dauer und das Ende dieser Einschränkungen herbeizuführen. Sehen wir uns zwei grundsätzliche Antworten auf diese Frage an.

Eine erste Antwort kann uns ein Konsequentialist geben. Dieser wägt die Vor- und Nachteile von Freiheitseinschränkungen ab und wird dann womöglich zu einer sehr einfachen Schlussfolgerung gelangen: Die Freiheitseinschränkungen stellen einen gravierenden Eingriff in die Lebensführung vieler Menschen wie auch in die Wirtschaft eines Landes dar und sind durch die unbestreitbaren, aber unterm Strich vielleicht nicht sehr umfangreichen Vorteile eines Schutzes der Gesundheit einiger weniger Menschen nicht zu rechtfertigen. Zumal das Risiko einer Ansteckung vieler Menschen ohnehin niemals vollständig zu bannen ist!

Zunächst kann man dieser Überlegung entgegenhalten, dass eine rein konsequentialistische Betrachtung dieses Problems fragwürdig und umstritten ist. Darüber hinaus lautet ein triftiges Gegenargument gegen eine solche Sicht: Wenn wir keine Vorsichtsmaßnahmen gegen eine ungehinderte Ausbreitung des Virus ergreifen, so wird unser Gesundheitssystem schnell an seine Kapazitätsgrenzen gelangen. Viele Infizierte werden nicht mehr behandelt werden können, und wir müssen den vermeidbaren Tod vieler Menschen verantworten. Selbst wenn die Freiheitseinschränkungen also langfristig keinen Schutz gegen eine Ansteckung bieten, so können sie kurz- und mittelfristig zumindest dazu dienen, die Zahl der Ansteckungen in einem bestimmten Zeitraum zu reduzieren und damit sehr viel mehr Menschen vor dem Tod durch eine COVID-19-Erkrankung zu schützen.

Wenn wir eine moralische Pflicht zum Schutz des Lebens annehmen wollen, so können in manchen Fällen also selbst gravierende Freiheitseinschränkungen sehr wohl gerechtfertigt werden – und zwar auch aus einer konsequentialistischen Perspektive, die sich auf eine Abwägung der Auswirkungen bestimmter Maßnahmen beschränkt. Unter der Bedingung, dass vor allem das Gebot der Verhältnismäßigkeit beachtet wird, müssen wir zu einem „Lockdown" greifen, um die große Gefahr eines Todes von sehr vielen Menschen abzuwenden.

Aus einer deontologischen Perspektive kann man zusätzlich geltend machen, dass wir uns bei der Beurteilung unserer Maßnahmen zum Schutz der Gesundheit nicht allein auf die Betrachtung der Folgen stützen können. Ein moderater Deontologe kann Folgen bei der Bewertung von Handlungen zwar berücksichtigen, aber er erkennt daneben *andere* Kriterien an (vgl. Rinderle 2021a, *2.3 Der kollektive Nutzen*). *Wann* diese Kriterien ins Spiel kommen sollen, das mag umstritten bleiben; nur gibt es keinen guten Grund dafür, die Beurteilung der Maßnahmen zum Schutz der Gesundheit *allein* auf Folgenerwägungen zu gründen. Einschränkungen von wichtigen Freiheiten in der Gesundheitsvorsorge können aus dieser Perspektive bereits dann gerechtfertigt sein, wenn sie großen Schaden für dritte Parteien abwenden (vgl. Holland 2015, S. 53 f.). Würden diese Einschränkungen von Freiheiten nur Personen schützen, die sich selbst durch ein bestimmtes Tun oder Lassen schädigen, so wäre eine solche paternalistische Haltung des Staates aus liberaler Sicht nicht zu rechtfertigen.

Die Idee einer suffizientaristischen Gerechtigkeit kann ein weiteres Kriterium formulieren, das jedem Menschen ein Recht auf *genug* Gesundheit zuspricht. Dabei kann man dieses Recht sowohl in konsequentialistischen als auch in deontologischen Überlegungen berücksichtigen.

Zum einen wird man nämlich sagen können, eine suffizientaristische Konzeption der Gerechtigkeit fordere eine ausreichende Gesundheitsversorgung von möglichst vielen Menschen. In diesem Fall kann man – einer konsequentialistischen Überlegung folgend – tolerieren, dass einige wenige Menschen unter die Suffizienzschwelle fallen, wenn wir dagegen als Ausgleich einer großen Anzahl anderer Menschen ein ausreichendes Maß an Gesundheit ermöglichen können. Bei politischen Entscheidungen auf einer Makro-Ebene wird dieser Gesichtspunkt auch eher eine Rolle spielen als bei privaten Entscheidungen von Individuen auf einer Mikro-Ebene.

Zum anderen wird man in bestimmten Fällen auch auf einem deontologischen Standpunkt beharren können und etwa das Opfer des Lebens eines Menschen oder einer Gruppe von Menschen selbst dann ablehnen, wenn dadurch das Leben einer größeren Anzahl von Menschen gerettet werden kann. Diese deontologische Perspektive wird vor allem bei Entscheidungen auf der Mikro-Ebene dominieren, die in mehr oder weniger überschaubaren Situationen von Einzelpersonen getroffen werden müssen (vgl. Kap. 5 und 6). Moralischen Prinzipien kann also auf verschiedenen Ebenen der Verantwortung eine unterschiedliche Bedeutung zukommen (vgl. Kamm 2013, S. 370 ff.).

Dabei ist der Konflikt der Werte Freiheit und Gesundheit nicht unbedingt ein tragischer Konflikt. Der Hinweis auf die Eigenverantwortung des Individuums sollte es für manche Situationen erlauben, für eine Entschärfung des Konflikts zu sorgen. Denn ob ein Mensch sein Leben in Gefahr bringen möchte oder alle denkbaren Vorsichtsmaßnahmen zum Schutz seiner Gesundheit ergreift, ist zu einem gewissen Teil auch der mögliche Gegenstand seiner eigenen, freien Entscheidung. Die Abwägung von Gesundheit und Freiheit ist somit nicht nur eine Maßnahme, die etwa auf einer politischen Ebene für andere Menschen vorgenommen wird; jeder einzelne Mensch ist dazu aufgerufen, diese Abwägung selbst vorzunehmen; zumindest innerhalb gewisser Grenzen (vgl. Schramme 2019, S. 72 ff.; Faden et al. 2020, *2.4 The Relevance, or Not, of Individual Responsibility*) ist schließlich jede Person selbst für ihre eigene Gesundheit selbst verantwortlich.

Wenn man den Paternalismus ablehnt und den Mitgliedern eines liberalen Rechtsstaates auch eine Freiheit zur Selbstgefährdung zugesteht, so dürfen auch in Zeiten einer Pandemie die Grundfreiheiten einer Person nur zur Abwendung der Schädigungen *anderer* Menschen beschränkt werden (vgl. Rinderle 2021b). Auch ein Raucher darf ja etwa seine Gesundheit aufs Spiel setzen, wenn er andere Menschen nicht schädigt. Und genauso sollten sich die Mitglieder von vulnerablen Gruppen frei entscheiden dürfen, etwa das Risiko eines Besuchs ihrer Enkelkinder einzugehen. Zumindest in Demokratien sind alle Bürger zusätzlich dazu aufgerufen, über diese Abwägung mit anderen Bürgern in eine Debatte über diese Abwägungsfragen zu treten und sich dann in Wahlen und Abstimmungen an den politischen Entscheidungen über entsprechende Regeln zu beteiligen. Wenn wir also in bestimmten Bereichen keinen Konsens zur Regelung von Verteilungskonflikten herbeiführen können, sollten wir faire politische Prozesse organisieren, deren Ergebnisse dann von allen Beteiligten als fair akzeptiert werden können (vgl. Daniels 2008, S. 109; Faden et al. 2020, *3.3.2 Authoritative Decision-Procedures*).

Zusätzlich wird man in diesem Zusammenhang darauf hinweisen können, dass ein ausreichendes Maß an Gesundheit als eine Vorbedingung für die Ausübung vieler Freiheiten angesehen werden muss. Auch aus diesem Grund sollte man den Konflikt zwischen dem Wert der Gesundheit und dem Wert der Freiheit nicht auf die Spitze treiben. In vielen Fällen kann man von einer wechselseitigen Abhängigkeit sprechen.

Der Begriff der Gesundheit kann unterschiedlich interpretiert werden, und sicherlich rechtfertigt eine sehr anspruchsvolle und umfangreiche Interpretation dieses Begriffs keine drastischen Einschränkungen einiger Grundfreiheiten des Individuums. Zu diesem Zweck müssen wir die Freiheit des Menschen gar nicht zum höchsten Wert erheben, und auch die Forderung des Suffizientaristen, alle Menschen sollten genug zum Leben haben, beinhaltet nicht notwendig einen möglichst umfassenden Schutz der Freiheiten aller Menschen. Das pure und nackte Überleben wird man gegenüber vielen Freiheiten sicherlich als vorrangig ansehen müssen.

Gleichzeitig wird man die Vermeidung aller Gesundheitsrisiken nicht zum Vorwand einer umfassenden Einschränkung der Freiheiten des Menschen machen dürfen. Es gilt also abzuwägen: Die Ausübung von Freiheiten ist immer riskant – und zwar sowohl für denjenigen, der frei handelt, als auch für diejenigen, die von der Ausübung der Freiheit anderer Personen betroffen sind. Manche Risiken wird man sicherlich mit dem Hinweis auf das hohe Gut der Freiheit akzeptieren können; andere Risiken wird man dagegen mit dem Hinweis auf das hohe Gut des Lebens und der Gesundheit zu minimieren versuchen.

Die Corona-Krise kann dann auch als Vorwand zum Zweck einer politischen Unterdrückung und Überwachung der Menschen ausgenutzt werden. Der senegalesische Sozialwissenschaftler Felwine Sarr schreibt etwa in der *Süddeutschen Zeitung* vom 7. April 2020 (Nr. 82, S. 11): „Die Krise ist ein Geschenk für die Mächtigen, um die Schrauben anzuziehen, die Bürgerrechte einzuschränken und die autoritäre Wende zu rechtfertigen, von der sie alle träumen." Diese Gefahr besteht nicht nur in autoritären Regimen; auch in liberalen, demokratischen Staaten gibt es eine Versuchung, die Corona-Krise zur Rechtfertigung eines permanenten Ausnahmezustandes heranzuziehen (vgl. Agamben 2021; Prantl 2021). Dennoch sollten wir von der bloßen *Möglichkeit* eines Missbrauchs nicht auf dessen ubiquitäre *Wirklichkeit* oder gar unvermeidbare *Notwendigkeit* schließen. Allein die Möglichkeit eines solchen Missbrauchs ist kein hinreichendes Gegenargument für die These, dass eine Beschränkung der Freiheit des Menschen unter Umständen gut begründet sein kann. Der Schutz der Gesundheit muss also nicht zwangsläufig zu einer ungerechtfertigten Einschränkung von privaten und politischen Freiheiten führen.

Lebensschutz um jeden Preis?

Das Corona-Virus fordert täglich das Leben vieler Menschen; am 20. Januar 2021 wurden weltweit 17.500 Todesfälle gemeldet. Gleichzeitig kostet der sogenannte „Shutdown" jeder Volkswirtschaft sehr viel Geld. „Die Kosten [für die deutsche Volkswirtschaft; P.R.] liegen bei einem einmonatigen *Shutdown* und danach schrittweiser Erholung der Wirtschaft zwischen 4,3 und 7,5 % des BIP (ca. 150–260 Mrd. €)." (ifo 2020, S. 5).

Wie sollen wir dieses Dilemma lösen? Sollen wir den Wert des Lebens der Menschen so hoch ansetzen, dass wir dafür jedes Opfer bringen? Sollten wir vielleicht sogar sagen, der Wert eines Lebens lasse sich nicht mit anderen Werten vergleichen und verrechnen? Das wäre die Position eines *absoluten* Deontologen, der bestimmte Handlungen ohne Rücksicht auf deren Folgen bewertet und ein kategorisches Gebot zum Schutz eines jeden Lebens annimmt. Oder sollen wir nicht eher annehmen, dass eine florierende Wirtschaft unterm Strich gesehen sehr viel wichtiger ist als der Schutz der Angehörigen von besonderen Risikogruppen, die vielleicht ohnehin keine besonders lange Lebenserwartung mehr haben? Sollten wir dann nicht zu diesem kleinen Opfer eines höheren Risikos für bestimmte Menschen bereit sein, um die Lebenschancen einer großen Mehrheit von Menschen nicht zu verringern? Zumal man dieses Risiko ohnehin begrenzen könnte, indem man besondere Maßnahmen zum Schutz der Angehörigen der betreffenden Gruppen ergreift. Das wäre etwa die Position eines radikalen Konsequentialisten, der nur die langfristigen Folgen für alle Betroffenen als Kriterium für die Bewertung unserer Entscheidungen gelten lässt.

Für beide Auffassungen sprechen gute Gründe, und wir werden sehen, dass eine gute Antwort auf die Ausgangsfrage eine Berücksichtigung unterschiedlicher Erwägungen notwendig machen wird. Sehen wir uns zuerst die Auffassung des absoluten Deontologen etwas genauer an, um danach wieder die Position des radikalen Konsequentialisten unter die Lupe zu nehmen.

Ein absoluter Deontologe lehnt es ab, die Folgen einer Handlung als Kriterium für deren Bewertung gelten zu lassen. Bestimmte Handlungen haben einen bestimmten Wert, und dieser Wert hängt allein davon ab, ob diese Handlungen bestimmten Regeln oder Normen entsprechen. Eine negative Bewertung einer Handlung leitet sich dann aus der Verletzung bestimmter Regeln oder Normen ab. Wenn man etwa die Geltung einer Regel annimmt, dass wir in jedem denkbaren Fall zur Unterlassung der Tötung eines Menschen verpflichtet sind, so hat die Verletzung einer solchen Unterlassung immer eine negative Bewertung der entsprechenden Handlung zur Folge – und zwar selbst dann, wenn wir mit der Inkaufnahme des Todes eines Menschen viele Menschenleben retten könnten.

Für einen absoluten Deontologen mag die Antwort auf die Frage „Geld oder Leben?" daher einfach erscheinen. Das Leben genießt für ihn einen unvergleichbar höheren Stellenwert als der wirtschaftliche Nutzen. Ein „Shutdown" mag aus einer solchen Perspektive als moralisch geboten erscheinen, selbst wenn die Kosten für viele Menschen unerträglich hoch sein mögen. Wenn es aber um die Abwägung des Lebensschutzes geht, dann gerät diese Position doch schnell ins Wanken. Gilt nämlich eine Regel, alle Dinge zu unterlassen, die das Ende des Lebens eines Menschen herbeiführen könnten, so stellt sich an einem bestimmten Punkt durchaus die Frage, warum wir Handlungen unterlassen sollten, die in ihrer Konsequenz zur Erhaltung des Lebens vieler Menschen beitragen könnten. Warum also sollten wir zum jetzigen Zeitpunkt um jeden Preis das Leben eines einzelnen Menschen erhalten, wenn uns dieser Versuch die Möglichkeit nimmt, zu einem späteren Zeitpunkt das Leben mehrerer Menschen zu retten?

Wir müssen nicht zur Auffassung eines radikalen Konsequentialisten konvertieren, um uns diese Option offen zu halten. Ein *moderater* Deontologe könnte die Bedeutung der Übereinstimmung von Handlungen mit bestimmten Regeln anerkennen, ohne dabei die Relevanz von Folgenabwägungen generell abzustreiten. In manchen Situationen kann er durchaus zulassen, dass der Schutz des Lebens möglichst vieler Menschen es in Ausnahmesituationen erforderlich macht, ein gewisses Risiko der Gefährdung des Lebens einiger weniger Menschen auf sich zu nehmen. Man kann in diesem Fall nicht davon sprechen, dass das Leben gegen andere Güter verrechnet wird. Einem moderaten Deontologen geht es vielmehr darum, bei möglichen Konflikten, die sich aus dem Gebot des Schutzes des menschlichen Lebens ergeben können, verantwortliche Entscheidungen zu ermöglichen.

Sehen wir uns nun die Gegenseite an: Ein radikaler Konsequentialist wird das menschliche Leben nicht an die oberste Stelle seiner Wertetheorie setzen.

Er wird bereit sein, das Leben mit anderen Gütern zu vergleichen und zu verrechnen, die dem Menschen wünschens- und erstrebenswert erscheinen. Man kann den Schutz bestimmter Freiheiten als ein solches Gut ansehen (vgl. Kap. 3), man kann auch die wirtschaftliche Prosperität einer Gesellschaft als ein solches Gut ansehen. Ein radikaler Konsequentialist wird all diese Güter in die Waagschale werfen, wenn es darum geht, den Schutz der Gesundheit und des Lebens von Angehörigen bestimmter Risikogruppen zu sichern. Wenn die Vorteile solcher Schutzmaßnahmen im Vergleich zu den Nachteilen relativ gering ausfallen, so wird er dafür plädieren, die Schutzmaßnahmen zu unterlassen. Der Konsequentialist wird aber unter Umständen die finanziellen Folgen über das Leben einiger weniger Menschen stellen und sich gegen einen kompletten „Shutdown" der Wirtschaft wenden.

Mit dieser Einstellung wird sich ein radikaler Konsequentialist vielleicht wenig Freunde machen. Wenn man abstrakte Werte wie „Geld" oder „wirtschaftlicher Nutzen" in die Überlegung einbezieht, so erscheint es relativ unplausibel, sie über das Gebot des Schutzes eines menschlichen Lebens zu stellen. Aber der radikale Konsequentialist kann hier auf eine moderatere Position einschwenken und einräumen, dass diese Schlussfolgerungen nicht zu rechtfertigen sind. Er kann dann sehr viel subtiler argumentieren, indem er auf eine breite Palette von sehr nachteiligen Folgen verweist, die ein kompletter „Shutdown" der Wirtschaft zum Zwecke des Schutzes von Gesundheit und Leben einiger weniger Menschen nach sich ziehen würde.

Die wirtschaftlichen Auswirkungen sind dabei nur eine Kategorie von Folgen, mit der zahlreiche andere, indirekte Probleme einhergehen. Die Einschränkung der wirtschaftlichen Betätigung und ein damit einhergehender Rückgang des Bruttosozialprodukts können nämlich auf lange Sicht eine ganze Reihe von unerwünschten Wirkungen zeitigen, die – wenn wir sie mit dem Schutz der Gesundheit und des Lebens rechtfertigen wollen – sehr wohl bei unseren Überlegungen ins Gewicht fallen müssen. Mit der Einschränkung wirtschaftlicher Aktivitäten geht zunächst natürlich eine Verringerung von Steuereinnahmen einher, die ihrerseits wieder zur Gesundheitsversorgung der Bevölkerung verwendet werden können. Auf diese Weise hat die wirtschaftliche Wertschöpfung eine zwar nur längerfristig spürbar werdende, aber doch relativ direkte Auswirkung auf die Möglichkeit, die Gesundheit und das Leben möglichst vieler Menschen zu schützen. An dieser Stelle sieht man auch noch einmal sehr deutlich, dass man zwischen verschiedenen Dimensionen der Gesundheit abwägen muss (vgl. Kap. 2). Die Länge des Lebens eines Menschen ist nur eine (leicht quantifizierbare) Dimension der Gesundheit; die Qualität des Lebens, in Form etwa einer Freiheit von körperlichen oder seelischen Schmerzen, ist dagegen eine andere Dimension, über die die Dauer des Lebens nicht unbedingt Auskunft gibt.

Ein massiver Einbruch der Wirtschaftsleistung eines Landes wird langfristig auch negative Auswirkungen auf die Gesundheitsversorgung der Menschen haben. Rein statistisch gesehen ist der Stand der wirtschaftlichen Entwicklung eines Landes jedenfalls eng mit der Lebenserwartung der Bürger dieses Landes verknüpft. Und so weisen die Experten des Instituts für Wirtschaftsforschung an der LMU München ganz richtig auf eine fragwürdige Entgegensetzung von medizinischer Versorgung und wirtschaftlicher Wertschöpfung hin (ifo 2020, S. 2): Zum einen sei „eine positive wirtschaftliche Entwicklung bei unkontrollierter Ausbreitung des Virus nicht möglich"; und zum anderen seien mit der Einschränkung wirtschaftlicher Freiheiten zusätzlich eine Reihe psychischer und sozialer Probleme verbunden, die, auch wenn man sie vielleicht nur als indirekte Folgen dieser Maßnahmen ansehen mag, doch unbedingt berücksichtigt werden müssen. Viele Menschen werden arbeitslos, sie können depressiv, aggressiv und gewalttätig werden und eine Gefahr für andere Menschen in ihrem Haushalt darstellen. Sogar die ganze Stabilität einer Gesellschaft könnte auf diese Weise in Frage gestellt werden (Deutscher Ethikrat 2020, S. 6; ifo 2020, *2.4 Soziale und psychische Kosten*).

Ein Konsequentialist könnte mit diesen Argumenten deshalb darauf hinweisen, dass die Frage „Geld oder Leben?" nicht richtig gestellt ist. Wie der absolute Deontologe wird er dann von seiner ursprünglich radikalen Haltung Abstand nehmen und auf eine moderatere Position einschwenken, die der Komplexität des Dilemmas, in das uns die Corona-Krise gestürzt hat, sehr viel eher gerecht werden kann. Dann ergibt sich eine Annäherung der beiden theoretischen Positionen, die in der Praxis zu ähnlichen Schlussfolgerungen führen können. Ein Konsequentialist kann ein sehr breites Spektrum verschiedener Folgen in seine Überlegungen einbeziehen, und ein Deontologe muss etwa den Wert des menschlichen Lebens nicht über alle anderen Werte setzen (vgl. Deutscher Ethikrat 2020, S. 5). Die Frage „Geld oder Leben?" ist also nicht ganz richtig gestellt; das Corona-Virus ist kein Räuber, der seinem Opfer eine Pistole vor die Brust hält. Das Corona-Virus stellt uns vor wesentlich kompliziertere Abwägungsfragen, bei denen sowohl konsequentialistische als auch deontologische Überlegungen eine Rolle spielen.

Die grundsätzlichen Differenzen zwischen einer deontologischen Theorie und dem Konsequentialismus müssen wir dabei nicht in Frage stellen. Aber wir können doch zumindest eine gewisse Konvergenz dieser beiden Positionen bei konkreten praktischen Problemen beobachten, die zum Zwecke der Lösung bestimmter Dilemmata von großer Bedeutung ist.

Von der Makro- zur Mikroebene 5

Im Fokus der bisherigen Überlegungen standen Fragen, die auf einer *Makro*-Ebene angesiedelt sind. Es ging um die Grundlagen und Grenzen der Intervention von politischen Institutionen in bezug auf eine gerechte Verteilung der Gesundheitsversorgung in einer Gesellschaft. Richten wir unser Augenmerk nun auf Probleme, die die moralische Bewertung der Handlungen einzelner Individuen auf einer *Mikro*-Ebene betreffen.

Von jeder einzelnen Person geht in der Corona-Krise eine Gefahr für andere Personen aus. Jede beliebige Person könnte sich eine Infektion zuziehen, und jede infizierte Person könnte selbst wiederum andere Personen anstecken. Diese Gefahr kann beträchtlich variieren, denn manche Infektionskrankheiten sind sehr viel gefährlicher als andere. Auch die Virulenz des Erregers, also die Fähigkeit eines Virus sich auszubreiten, beeinflusst das Ausmaß der von einer solchen Krankheit ausgehenden Gefahr.

Zu welchen Handlungen oder auch Unterlassungen verpflichtet uns die Moral in dieser Situation (vgl. Holland 2015, S. 196)? Und welche Handlungen bleiben uns weiterhin freigestellt? Ganz allgemein können wir in diesem Zusammenhang feststellen, dass Infektionskrankheiten die Idee einer Aufteilung der moralischen Verantwortlichkeiten zwischen politischen Institutionen und privater Lebensführung in Frage stellen. Vielleicht mag eine solche Arbeitsteilung ein passendes Rezept für eine gerechtere Verteilung des globalen Wohlstands oder den Schutz des Klimas sein. Für den Kampf gegen das Corona-Virus gilt das nicht mehr (vgl. Giubilini 2019, S. 54; Budnik 2021, S. 21 f.). Zwar steht die Politik etwa in der Verantwortung einer Bereitstellung und gerechten Verteilung von Impfstoffen (vgl. Jecker et al. 2021). Doch ohne die Bereitschaft des Individuums, aus eigener Verantwortung und nicht allein aus Furcht vor Sanktionen bestimmte Einschränkungen zu akzeptieren, wird es äußerst schwierig werden, eine Pandemie erfolgreich zu bekämpfen und etwa eine Überlastung der Gesundheitssysteme zu verhindern.

John Harris und Søren Holm (1995) haben im Kontext der Entstehung der HIV-Pandemie die These aufgestellt, dass es eine starke moralische Pflicht gebe, andere Personen nicht dem Risiko einer Ansteckung auszusetzen. Man kann diese Pflicht als einen speziellen Anwendungsfall einer allgemeinen Pflicht ansehen, andere Menschen nicht zu schädigen. Aus dieser Pflicht lassen sich zwei konkretere Forderungen ableiten: Alle Personen sollten zum einen alle erforderlichen Maßnahmen ergreifen, um gar nicht erst angesteckt zu werden; ein mögliches Mittel zur Erreichung dieses Zwecks besteht in einer Schutzimpfung. Und zum anderen sollten alle infizierte Personen möglichst alle Kontakte mit anderen Personen vermeiden, um eine weitere Ausbreitung des Krankheitserregers zu unterbinden.

Harris und Holm (1995, S. 1215) vertreten die Auffassung, die Geltung dieser Pflicht sei nicht auf schwere Krankheiten beschränkt, sondern erstrecke sich auch auf leichtere, ungefährliche Krankheiten. Sie formulieren aber eine Bedingung für deren Befolgung: Man könne von Menschen nämlich nur dann erwarten, dieser Pflicht auch nachzukommen, wenn sie mit angemessenen Kompensationen der Gesellschaft rechnen können (vgl. auch Selgelid 2011, S. 93). Wenn manche Menschen zum Beispiel ihren Arbeitsplatz nicht mehr aufsuchen könnten, so sollte die Gesellschaft zumindest für einen Teil ihrer Verluste aufkommen.

Gegen diese These des Vorliegens einer starken moralischen Pflicht eines jeden Menschen, andere Menschen keinen Riskien einer Infektion auszusetzen, kann man den Einwand einer Unzumutbarkeit ins Feld führen. Zwar sollen Menschen, die bereits infiziert sind und daher bestimmte Kosten auf sich nehmen, von staatlicher Seite kompensiert werden. Aber auch Menschen, die (noch) nicht infiziert sind, wird ja die Bereitschaft abverlangt, unter Umständen große Einschränkungen ihrer Handlungsfreiheit in Kauf zu nehmen.

Die entscheidende Frage lautet deshalb, ob diese starke moralische Pflicht tatsächlich zumutbar ist (vgl. Verweij 2005). Eine Antwort verlangt nach Differenzierungen. Entgegen der Annahme von Harris und Holms wird man die Stringenz dieser Pflicht zunächst vom Bedrohungspotential der betreffenden Krankheit abhängig machen (vgl. Holland 2015, S. 199). Die Gefahr, sich selbst einen Schnupfen zu holen, rechtfertigt wohl nicht die gleichen Vorsichtsmaßnahmen, wie die Gefahr, sich mit HIV zu infizieren; und das Risiko, eine andere Person mit einem Schupfen anzustecken, wird dementsprechend nicht die gleichen Freiheitseinschränkungen rechtfertigen wie das Risiko, sie mit dem Corona-Virus zu infizieren. Weiterhin wird sich die Stringenz einer solchen Pflicht mehr oder weniger direkt proportional zur Virulenz des betreffenden Erregers verhalten. Nicht zuletzt werden die Personen, die das höhere Risiko einer eigenen Ansteckung haben, unter einer stärkeren moralischen Pflicht stehen, all die Handlungen zu unterlassen, die sie dem Risiko einer Ansteckung aussetzen könnten.

Eine kontroverse Debatte kreist in diesem Zusammenhang um die moralische Pflicht zu einer Schutzimpfung für das Individuum. Dabei geht es nicht nur um die Frage, ob von staatlicher Seite eine solche Pflicht zu einer Forderung des *positiven Rechts* gemacht werden sollte. In Frage steht auch, ob es eine *moralische* Pflicht für Individuen gibt, sich gegen das Risiko einer Ansteckung impfen zu lassen.

Als Begründung für eine solche moralische Impfpflicht wird gerne das Trittbrettfahrer-Argument herangezogen (vgl. Holland 2015, S. 201 f.). Führt die allgemeine Befolgung der Impfpflicht zu einer Herdenimmunität, so kann man diese Immunität nämlich als ein „öffentliches Gut" betrachten (Colgrove 2019, S. 439; Giubilini 2019, S. 18 ff.), und wenn wir an das Corona-Virus denken, so kann man die Immunität der Weltbevölkerung als ein „globales öffentliches Gut" bezeichnen. Es herrscht weltweit keine Konsumrivalität, und niemand kann von der Entgegennahme dieses Guts ausgeschlossen werden. Das Trittbrettfahrer-Argument basiert auf drei Prämissen:

P1   Die Herdenimmunität in einer Gesellschaft stellt ein öffentliches Gut dar, und diese ist durch eine allgemeine Schutzimpfung leicht zu realisieren.

P2   Der Impfverweigerer ist ein Trittbrettfahrer, der die Kooperation anderer Menschen zu seinem Vorteil nutzt, ohne selbst einen Beitrag zu leisten.

P3   Man kann einen Trittbrettfahrer moralisch verurteilen.

K   Daraus folgt: Man kann den Impfverweigerer moralisch verurteilen.

Eine Bewertung der Schlüssigkeit dieses Arguments erfordert vor allem eine nähere Überprüfung der Prämisse 3 (vgl. Holland 2015, S. 204 f.). Ein Konsequentialist könnte etwa einwenden, dass die Benutzung eines Trittbretts in manchen Fällen moralisch einwandfrei sei. Wenn nämlich 90 % der Bevölkerung geimpft sind, dann mag das für das Erreichen der Herdenimmunität ausreichen. Zwar kann man dann die restlichen 10 % der Bevölkerung als Trittbrettfahrer ansehen, einen echten Schaden können sie in einem solchen Fall aber nicht mehr anrichten. Für den Konsequentialisten würde mit dem Ausbleiben negativer Folgen auch die Grundlage für eine moralische Verurteilung dieses Verhaltens entfallen.

Dieser Einwand leidet unter zwei Schwächen: Zum einen hängt er von der (strittigen) Moraltheorie des Konsequentialismus ab; der Anhänger einer deontologischen Position hat eine andere Sicht dieser Dinge. Es geht ihm auch ums Prinzip und nicht nur um die Folgen. Zum anderen würde selbst ein Konsequentialist den Impfverweigerer dann moralisch verurteilen, wenn die Herdenimmunität in einer Gesellschaft noch nicht gegeben ist. Das öffentliche Gut „Herdenimmunität" ist in diesem Fall nämlich noch gar nicht produziert. Auch für einen Konsequentialisten kann dieser Zustand – aufgrund seiner katastrophalen Folgen – nicht wünschenswert sein. Es gibt somit selbst für einen Konsequentialisten gute Grunde, einen „Impfverweigerer" – der nicht auf dem Trittbrett der Anstrengungen anderer Menschen fährt – moralisch zu verurteilen.

Aus dem Blickwinkel der *Moral* sprechen somit verschiedene Gründe für eine Impfpflicht. Ob diese moralische Position zur Begründung einer *rechtlich* verordneten Impfpflicht durch den Staat verwendet werden kann (vgl. Giubilini 2019), steht noch einmal auf einem anderen Blatt. Schließlich sind hier die Risiken der Impfung sowie die Eingriffe in die Freiheiten und ihr Grundrecht auf körperliche Unversehrtheit der Individuen als mögliche Gegengründe zu beachten. Wenn wir, was eine Impfpflicht angeht, innerhalb der Moral also zu einer relativ eindeutigen Schlussfolgerung gelangen, so kann man doch gleichzeitig ein Recht des Staates, die Bürger zu einer Impfung zu zwingen, mit guten Gründen bezweifeln (vgl. Schröder-Bäck 2014, S. 196 ff.; Deutscher Ethikrat 2019, S. 47 ff. und 76 ff.).

Im Zuge der jüngsten Ausbreitung des Corona-Virus in verschiedenen europäischen Ländern wurden eine ganze Reihe weiterer Handlungen von Individuen einer moralischen Bewertung unterzogen: Sind Hamsterkäufe von Nudeln oder Toilettenpapier moralisch akzeptabel? Sollten wir tatsächlich auf den Besuch von Freunden und Verwandten außerhalb des engsten Familienkreises verzichten? Ist es moralisch verwerflich, etwa den Großvater oder die Großtante zu besuchen, die natürlich dem besonderen Risiko eines möglicherweise schweren Verlaufs einer COVID-19-Erkrankung ausgesetzt sind?

Zum einen sollte man dabei wieder zwischen der Frage, ob solche Verbote von staatlicher Seite zum Inhalt des positiven Rechts gemacht werden sollen oder dürfen, und der Frage, ob diese Verbote auch echte moralische Verbote sind, unterscheiden. Was als allgemeine Rechtsregel sinnvoll sein mag, muss nicht in jedem einzelnen Fall auch von der Moral geboten sein. Und umgekehrt! Nicht jedes moralische Verbot sollte zum Inhalt des positiven Rechts werden. Zum anderen sollte man die Einzelfälle besser gesondert betrachten und prüfen. Dann wird man eventuell zu dem Schluss gelangen, dass Hamsterkäufe, die jedes vernünftig-pragmatische Maß verlassen, auch in moralischer Hinsicht fragwürdig sind, Gleichzeitig mag es gute Gründe zur Annahme geben, dass Besuche von engen Verwandten und Freunden, wenn denn einige grundlegende Vorsichtsmaßnahmen weiter beachtet werden, vielleicht nicht mit der gleichen moralischen Missbilligung beantwortet werden müssen wie sogenannte „Corona-Partys" in öffentlichen Parkanlagen.

Verpflichtungen von Ärzten und Pflegenden

6

Welche moralischen Rechte und Pflichten kann man nun den Personen zuschreiben, die selbst in der Gesundheitsversorgung arbeiten? Welche besonderen Verantwortlichkeiten lassen sich aus einer Idee der gerechten Verteilung des Guts der Gesundheit für Ärzte und Pflegende ableiten? Es gibt gute Gründe zur Annahme, dass die Inhaber besonderer Positionen einfach schon deshalb eine moralische Sonderstellung einnehmen, weil ihr Handeln besonders große Auswirkungen auf andere Menschen haben können.

Welche speziellen Verpflichtungen können wir also Ärzten und Pflegekräften zuschreiben? (Vgl. Daniels 2008, 8. *Medical Professionalism and the Care We Should Get;* WHO 2016, 13. *Frontline Response Workers' Rights and Obligations*) Das erste moralische Gebot, unter dem ein Arzt steht, ist natürlich das Gebot, seine Patienten zu behandeln und deren Gesundheit zu schützen. Der Arzt hat sich (in aller Regel) selbst für seinen Beruf entschieden, und er wird für die Erfüllung der damit einhergehenden Aufgaben auch bezahlt.

Aber hat ein Arzt auch eine Pflicht zur Behandlung eines Patienten, wenn damit etwa ein hohes Ansteckungsrisiko verbunden ist? Zum einen kann man zweifellos sagen, ein Arzt habe mit seiner Berufswahl auch seine Zustimmung zum Eingehen bestimmter Risiken zum Ausdruck gebracht. Die Zustimmung ist ein guter Grund für die Zuschreibung von moralischen Pflichten (vgl. Daniels 2008, S. 223 ff.), und deshalb wird der Arzt unter einer Reihe besonderer moralischer Verpflichtungen stehen. Zum anderen wird man gleichzeitig einräumen, dass die besondere Stellung eines Arztes nicht die Zuschreibung von unzumutbar starken Verpflichtungen rechtfertigt. Auch ein Arzt hat ein moralisches Recht auf Leben und steht deshalb nicht unter einer moralischen Verpflichtung, sein Leben aufs Spiel zu setzen. Selbst wenn er umfangreichere Pflichten als andere Menschen trägt, so kann man von ihm doch nicht fordern, ein Held zu sein; und herrscht ein Mangel an Ärzten, so wird ein Arzt sogar unter der moralischen Pflicht stehen, sein eigenes Leben zu erhalten. Aus solchen Effizienzüberlegungen heraus kommt professionellen Pflegekräften übrigens auch eine Priorität bei einer gerechten Verteilung von Impfstoffen zu (vgl. Jecker et al. 2021, S. 313).

Gehen wir noch einen Schritt weiter und betrachten die moralischen Rechte und Pflichten von Ärzten und Pflegekräften in Situationen, in denen die Ressourcen für eine hinreichende Gesundheitsversorgung knapp werden. Die Einschränkungen der Grundfreiheiten sollen zwar verhindern, dass wir überhaupt erst in eine solche Lage kommen (vgl. Kap. 3); und man wird es auch als eine moralische Verantwortung der Politik bezeichnen können, die Ausbreitung eines Virus zu verlangsamen und damit einer Überlastung des Gesundheitssystems vorzubeugen. Aber aus verschiedenen Gründen kann die Politik dieser Verantwortung eben nicht immer gerecht werden.

Was verlangt die Gerechtigkeit nun in Umständen, in denen zahlreiche Menschen in Lebensgefahr schweben, das Gesundheitspersonal jedoch nur über begrenzte Ressourcen verfügt und daher nur die Möglichkeit besteht, *einige* dieser Menschen vor dem Tod zu retten? In Kriegszeiten stehen Ärzte oft vor diesem Problem, und in jüngster Zeit hat diese Frage vor allem wieder in Italien oder in Brasilien an Aktualität gewonnen. Die Zahl der verfügbaren Intensivbetten und Beatmungsgeräte war in manchen Regionen kleiner als die Zahl der COVID-19-Patienten, die auf eine Beatmung angewiesen waren.

In solchen Situationen sind Entscheidungen notwendig, die einen hohen Preis erfordern können. Mit dem in der Militärethik aufgekommenen Begriff „Triage" – vom französischen „trier" für sortieren – beschreibt man diesen Druck auf Ärzte, entscheiden zu müssen, welche Patienten in welcher Reihenfolge behandelt werden sollen (vgl. Winslow 1982, *I. The Concept of Triage in Modern Medicine;* Reid 2020; Mannino 2021). Aber wie und auf welcher Grundlage sollen in diesen Fällen Entscheidungen getroffen werden? Liegen in solchen Fällen überhaupt die Bedingungen für eine Anwendung von Gerechtigkeitsgrundsätzen vor (vgl. Rawls 1975, *22. Die Anwendungsverhältnisse der Gerechtigkeit*)? Grundsätzlich kann man wieder zwei Herangehensweisen unterscheiden.

Für einen Konsequentialisten wird es auch in diesen Fällen darauf ankommen, die vorteilhaften Folgen einer Handlung zu maximieren. Das bedeutet, er möchte ein Maximum an Leben retten und die Zahl der Toten minimieren. Ein Konsequentialist ist also auch bereit, den Tod eines Menschen in Kauf zu nehmen, wenn dafür zwei andere Menschen gerettet werden können. Für einen Deontologen präsentiert sich diese Situation in einem anderen Licht. Es kommt ihm nicht in erster Linie auf die Herbeiführung bestimmter Folgen etwa in Form einer Summe von

Lebensjahren an, er beurteilt zunächst immer die Qualität einer besonderen Handlung. Und um bestimmte Forderungen der Moral nicht zu verletzen, nimmt ein Deontologe unter Umständen auch negative Auswirkungen – in Form etwa einer höheren Zahl von Toten – in Kauf: Für einen Egalitaristen deontologischer Provenienz geht es etwa um eine möglichst faire Verteilung der Güter Leben und Gesundheit.

Wenn wir uns nun den spezielleren Entscheidungskonflikten zuwenden, die bei der Behandlung von COVID-19-Patienten auftreten, so sollten wir zwei Fälle unterscheiden: eine *Triage bei Ex-ante-Konkurrenz* und eine *Triage bei Ex-post-Konkurrenz* (vgl. Kamm 2013, S. 400 ff.; Deutscher Ethikrat 2020, S. 4; Hörnle 2021). In beiden Fällen ist die Zahl der verfügbaren Beatmungsgeräte kleiner als die Zahl der behandlungsbedürftigen Patienten, und in beiden Fällen geht es um eine Entscheidung auf Leben und Tod. Bei einer Ex-ante-Konkurrenz haben wir es mit einer bestimmten Zahl von verfügbaren Beatmungsgeräten zu tun, die kleiner ist als die Zahl der neu aufgenommenen Patienten. Hier muss entschieden werden, welche Patienten intubiert werden können und welche nicht. Bei einer Ex-post-Konkurrenz werden dagegen alle verfügbaren Beatmungsgeräte bereits für Patienten benutzt. Wenn neue Patienten aufgenommen werden, dann muss entschieden werden, ob ein neuer Patient an Stelle des Patienten, der bereits beatmet wird, intubiert werden soll. Zu diesem Zweck müsste letzterer extubiert werden; man würde sein Leben opfern, um dasjenige des neuen Patienten zu retten.

Ein Konsequentialist wird auch in dieser Situation nach der Maxime handeln, ein Maximum von Leben zu retten. Aus diesem Grund wird er auch in einer Ex-post-Konkurrenz nicht zögern, einen Patienten mit geringen Überlebenschancen zu extubieren, um die Überlebenschancen eines vielleicht jüngeren und gesünderen Patienten zu vergrößern. Ein Deontologe wird dagegen zwischen einem aktiven Tun und einem nur passiven Geschehenlassen unterscheiden (vgl. Rinderle 2021a, *3.2 Moralische Rechte und Pflichten*). Wenn bestimmten Patienten im ersten Fall eine Behandlung vorenthalten werden muss, so wird man nicht von einer aktiven Tötung und nicht einmal von einer unterlassenen Hilfeleistung sprechen können. Die Behandlung aller Patienten ist in einem solchen Fall unmöglich, und niemand kann in einem solchen Fall zur Rettung aller Patienten verpflichtet sein.

Was die Haltung des Deontologen in einer Ex-post-Konkurrenz angeht, so ist eine besondere Überlegung entscheidend, die dem Konsequentialisten nicht zur Verfügung steht. Der Deontologe wird das moralische Gebot anerkennen, keinen Menschen durch sein aktives Tun zu töten. Die Extubation eines Patienten ist für ihn also nicht erlaubt, auch wenn dieses Verbot zum sicheren Tode eines anderen Patienten führen wird, der vielleicht sogar größere Überlebenschancen hat. Aber aus dieser Sicht sind wir eben nicht für alle Folgen unseres Tuns und Lassens verantwortlich.

Eine weitere Überlegung, die man gegen eine Ex-post-Triage ins Feld führen kann, besteht im Hinweis auf die besonderen Beziehungen und Bindungen, die zwischen einem bestimmten Patienten auf der Intensivstation und dem Pflegepersonal entstanden sind. Die Medizin ist ihrem eigenen Selbstverständnis nach eine Praxis der Fürsorge, und mit der Intubation eines Patienten entstehen spezifische Verpflichtungen zur Fortsetzung einer bereits begonnenen Behandlung. Eine spezielle Beziehung der Fürsorge kann damit zur Grundlage einer Priorisierung von bereits beatmeten Patienten und einer Ablehnung der Ex-post-Triage werden. Es mag dann gute Gründe für eine ungleiche Behandlung verschiedener Menschen geben. Außerdem muss in diesem Zusammenhang darauf hingewiesen werden, dass die Ex-post-Triage im Extremfall zu Maßnahmen führen könnte, die auch von einem rein medizinischen Standpunkt aus gesehen vollkommen sinnlos wären. Es bestünde die sehr reale Gefahr, dass man alle paar Stunden – mit dem Neuankommen neuer Patienten – die Intensivbetten austauschen müßte.

Ein moderater Deontologe wird dennoch nicht jedes Menschenleben um jeden Preis retten wollen. Wenn also die Behandlung eines vorerkrankten Patienten, der bereits an ein Beatmungsgerät angeschlossen ist, relativ geringe Erfolgsaussichten hat, und wenn sein Platz zur Rettung des Lebens mehrerer Menschen dienen könnte, so wird auch ein Deontologe der Extubation des Patienten zustimmen können – ohne sich damit jedoch einer konsequentialistischen Auffassung anzuschließen. Wir sehen: Für eine philosophische Ethik werden Triage-Entscheidungen immer ein schwieriges Feld bleiben, und glasklare Prinzipien für Konfliktlösungen stehen in solch tragischen Situationen nicht zur Verfügung.

Wir müssen zusätzlich wieder eine Unterscheidung zwischen der Moral und dem Recht berücksichtigen. Wenn wir uns auf das Grundgesetz der Bundesrepublik Deutschland stützen, so zählt aus rechtlicher Sicht jedes menschliche Leben gleich (vgl. Deutscher Ethikrat 2020, S. 3). Eine Sortierung anhand bestimmter Kriterien ist damit strikt verboten, eine Triage aufgrund bestimmter Merkmale einzelner Patienten muss strafrechtlich verfolgt und sanktioniert werden.

Wenn sich jedoch ein Arzt mit einer tragischen Entscheidungssituation konfrontiert sieht, so wird er vielleicht aus Gewissensgründen den Forderungen der Moral den Vorzug vor den Geboten des positiven Rechts geben. Wir haben ja gesehen, dass gerade bei einer Ex-ante-Konkurrenz Entscheidungen darüber notwendig sind, wem der Vorzug bei der Behandlung gegeben werden soll. Ein Arzt wird in einer solchen Situation – auch wenn ihm das vom positiven Recht nicht erlaubt wird – wohl gar nicht umhinkommen, bei seiner Entscheidung die Überlebenschancen der einzelnen Patienten zu berücksichtigen. Und auch im Falle einer Ex-post-Konkurrenz wird ein Arzt, der sich die Haltung eines moderaten Deontologen zu eigen macht, in bestimmten Fällen die Überlebenschancen verschiedener Patienten in seine Überlegungen einbeziehen.

Das bedeutet nun, dass die Moral vom Arzt in bestimmten Fällen ein rechtswidriges Verhalten verlangen könnte. Das Gewissen lässt ihm dann unter Umständen keine andere Wahl, als die Vorschriften des Rechts zu verletzen und den Forderungen der Moral zu folgen. Das Recht kann aber die unausweichliche Tragik dieser Situation durchaus berücksichtigen und bei einer Sanktionierung nachsichtig sein (vgl. Deutscher Ethikrat 2020, S. 4; Hörnle 2021). Eine Handlung, die objektiv gesehen also rechtswidrig ist, kann dann angesichts der besonderen Umstände vom Strafrecht mit einer gewissen Milde und Nachsicht rechnen.

Zur Bedeutung der Wissenschaften 7

In Zeiten einer Pandemie kommt den Wissenschaften eine große Bedeutung zu. Die Erkenntnisse, die uns von Virologen, Epidemiologen, Ökonomen, Psychologen und Soziologen zur Verfügung gestellt werden, sind für eine erfolgversprechende Eindämmung des Infektionsgeschehens unverzichtbar. Deshalb stellt sich im Rahmen einer Ethik der Pandemie die allgemeine Frage, welche Rechte und Pflichten Wissenschaftler unterschiedlicher Fachgebiete nun genau haben. Dabei wird nicht zuletzt die allgemeine Frage nach dem Verhältnis von wissenschaftlicher Expertise und politischer Legitimität in einer liberalen Demokratie zu untersuchen sein (vgl. Rinderle 2013).

Ganz allgemein wird man zunächst von einer Pflicht zur Erforschung der wichtigsten Ursachen und Auswirkungen einer Pandemie sprechen können (WHO 2016, 8. *Research During Infectious Disease Outbreak;* Smith und Upshur 2019, S. 6). Diese Pflicht beinhaltet verschiedene Dinge: die Bereitstellung einer ausreichenden Finanzierung von Seiten der Politik, die Einsicht in die Vorläufigkeit und Fehlbarkeit des Wissens, die Bereitschaft zur Diskussion und zur Korrektur von Fehlern innerhalb einer Disziplin, die Bereitschaft zur interdisziplinären Zusammenarbeit, die auch mit einer Reflexion der Grenzen der Möglichkeiten jeder einzelnen Disziplin einhergeht, sowie nicht zuletzt die Bereitschaft zur internationalen, weltumfassenden Kooperation. Viele Anhänger von Verschwörungstheorien, welche eine defizitäre Ambivalenztoleranz aufweisen und einfache Lösungen für komplizierte Probleme erwarten, werden diesen Pflichten wohl nur unzureichend gerecht.

Eine schwierige Frage, die sich in diesem Zusammenhang stellt, geht nun auf die besonderen Rechte von Wissenschaften in Zeiten einer Pandemie. Gerade wenn es etwa um die möglichst schnelle Bereitstellung von Impfstoffen geht, gibt

es eine besonders hohe Erwartung an die Bereitstellung bestimmter Forschungser-
gebnisse. Die Frage lautet nun, ob Wissenschaftler angesichts dieser Dringlichkeit
von den in „normalen" Zeit unbestritten geltenden Sorgfalts- und Vorsorgepflich-
ten freigestellt werden können. Für einen Exzeptionalisten, der in dieser Frage
eine konsequentialistische Position vertritt, kommt es hier allein auf die vorteilhaften Folgen der Forschung an. Der Gegner des Exzeptionalisten vertritt dagegen
eine deontologische Position und beharrt auf der Beachtung der üblichen wissenschaftlichen Standards (vgl. WHO 2016, S. 30 f.). Für beide Positionen gibt
es wieder gute Gründe, und zweifellos wird man die tatsächliche Dringlichkeit
einer Notlage berücksichtigen müssen. Aber auch ein moderater Deontologe kann
bestimmten Ausnahmen zustimmen, ohne doch seine grundsätzlichen Vorbehalte
gegenüber einer ausschließlich folgenorientierten Bewertung ganz aufgeben zu
müssen (vgl. Solbakk et al. 2020).

Die Erwartungen der Gesellschaft an die Wissenschaften sind in Zeiten der
Pandemie sehr hoch: Die Erforschung der Möglichkeiten einer Eindämmung
des Infektionsgeschehens soll möglichst schnell möglichst sichere und unbe-
zweifelbare Erkenntnisse liefern. Doch es gibt keine allgemeine Pflicht für
Wissenschaftler, diesen Erwartungen gerecht zu werden. Die Wissenschaften dürfen sich auf ein Recht zur Autonomie berufen, sie können ihre eigenen Regeln
und Standards verwenden und müssen sich insbesondere nicht für Zwecke der
Legitimation von politischen Entscheidungen instrumentalisieren lassen.

Gleichzeitig sollten sich Wissenschaftler aber auch vor der Gefahr hüten, die
Politik ihrerseits nur als ein Instrument zur Durchsetzung von angeblich wis-
senschaftlich begründeten Handlungsanweisungen zu betrachten. Während die
Gesellschaft also die Eigengesetzlichkeit des Systems der Wissenschaften respek-
tieren muss, sollten die Wissenschaften umgekehrt auch die legitimen Grenzen
ihres Tuns und Lassens in einem liberalen und demokratischen Rechtsstaat
beachten.

Die Wissenschaften haben es mit der Bereitstellung von Erkenntnissen über
unsere natürliche und soziale Umwelt zu tun. Sie liefern Einsichten in Ursachen
und Folgewirkungen, in Fakten und übergeordnete Zusammenhänge. Persönliche
und politische Entscheidungen, die sich letztlich auf bestimmte Abwägungen von
Gütern und Übeln stützen müssen, können uns diese Einsichten nicht abneh-
men. Die Wissenschaften generieren Wissen über eine uns vorgegebene Welt,
die verantwortliche Lebensführung einzelner Menschen und politische Entscheidungen für eine Gesellschaft stützen sich dagegen auf bestimmte Werte. Den
Wissenschaften kommt dabei eine wichtige und begrenzte Bedeutung zu.

Doch das Wissen, das uns die Wissenschaften zur Verfügung stellen, begründet insbesondere keinen Anspruch auf die Ausübung von politischer Macht. Der

Journalist Heribert Prantl (2021, S. 51) schreibt ganz richtig: „Eine demokratische Gesellschaft darf nicht nur auf Epidemiologen hören." Eine demokratische Form der Herrschaft ist zwar auf die Expertise der Wissenschaften angewiesen, ihre Legitimität lässt sich aber nicht durch eine Expertokratie ersetzen. Nicht nur treten Wissenschaften im Plural auf; wissenschaftliche Erkenntnisse bleiben auch immer vorläufig und umstritten. Selbst wenn es einen Konsens seriöser Wissenschaftler in einigen Fragen geben sollte – die Ursachen des Klimawandels wären ein Beispiel dafür –, lässt sich daraus kein Anspruch auf politische Autorität ableiten. Die theoretische Rationalität der Wissenschaft zielt auf die Bereitstellung von Erkenntnissen über eine gegebene Welt ab; die praktische Rationalität der persönlichen und politischen Selbstbestimmung hat dagegen die verantwortliche Gestaltung unseres Lebens zur Aufgabe und orientiert sich zu diesem Zweck an ethischen Werten, die innerhalb von und zwischen verschiedenen Gesellschaften umstritten sind.

Politische und kulturelle Herausforderungen

8

Im letzten Kapitel möchte ich einen Blick in die Zukunft werfen und ein wenig über die möglichen politischen und kulturellen Folgen der gegenwärtigen Corona-Pandemie spekulieren. Das Gut der Gesundheit und dessen Verteilung werfen schließlich nicht nur Fragen der Moral oder der Gerechtigkeit auf. Sie stehen darüber hinaus in einem engen Zusammenhang mit Fragen der Legitimation von politischer Herrschaft einerseits und den Inhalten eines guten Lebens von Einzelpersonen sowie eines gelungenen Zusammenlebens von Gemeinschaften andererseits (vgl. Hanrieder 2016, S. 393).

Zum einen ist die Gesundheitsversorgung ein knappes, ökonomisches Gut, um dessen Verteilung erbittert gestritten wird; der Schutz vor Epidemien ist zudem ein öffentliches Gut, das möglichst viele Menschen konsumieren möchten, ohne ihren fairen Teil bei der Produktion dieses Gutes beizutragen. Zur Lösung dieser Fragen bedarf es verbindlicher Entscheidungen von legitimen politischen Autoritäten (vgl. Rinderle 2005, *5. Aus Gründen der Fairness;* Faden et al. 2020, *3. Political Legitimacy and Public Health*). Zum anderen steht die Gesundheit in einem engen Zusammenhang mit dem guten Leben des Menschen und mit der kulturellen Identität von ganzen Gemeinschaften. Auch wenn ich mich gegen eine begriffliche Gleichsetzung von Gesundheit und Glück ausgesprochen habe (vgl. Kap. 2), bleibt unstrittig, dass das gute Leben eines Menschen in den allermeisten Fällen von einer ausreichenden Qualität seiner gesundheitlichen Verfassung abhängt.

Gehen wir der Reihe nach vor und sehen uns zunächst mögliche Auswirkungen der Corona-Pandemie auf die globale Wirtschaft und Politik an. Der Welthandel ist empfindlich getroffen und schrumpft, der globale Tourismus ist vorübergehend vollständig zum Erliegen gekommen, weltweit sind fast alle Grenzen zwischen den Staaten geschlossen, der Nationalstaat erlebt eine veritable Renaissance, und

P. Rinderle, *Ethik der Pundemie*, essentials,
https://doi.org/10.1007/978-3-658-35452-7_8

die Versuche einer internationalen Kooperation zur Bekämpfung der Krise stecken
bestenfalls in den Kinderschuhen.

Wir haben es also mit einem globalen Phänomen zu tun, das zu einer Krise des
Welthandels und zu einem Wiedererstarken der nationalstaatlichen Politik geführt
hat. Zweifellos kommt internationalen Organisationen wie der Weltgesundheitsorganisation eine wichtige Bedeutung für die Koordination der Zusammenarbeit
von Nationalstaaten und für die Überwachung übertragbarer Krankheiten zu (vgl.
WHO 2016, *1. Obligations of Governments and the International Community* und
5. Public Health Surveillance). Gleichzeitig muss man einräumen, dass von diesen Organisationen (noch) keine eigenständigen Impulse und Aktivitäten etwa zur
Bekämpfung der Corona-Pandemie ausgehen. Sogar innerhalb der Europäischen
Union konnte man lange Zeit nicht von einer echten überstaatlichen Zusammenarbeit sprechen. Dabei kann man zusätzlich zwischen horizontalen und vertikalen
Ansätzen bei politischen Antworten auf globale Infektionskrankheiten unterscheiden (vgl. Fidler 2004, S. 37 ff.; Lafonté und Ruckert 2019, S. 234 ff.). Bei
horizontalen Ansätzen liegt der Fokus auf Einzelstaaten, bei vertikalen Ansätzen liegt der Fokus dagegen auf nicht-staatlichen Akteuren. In der Realität trifft
man natürlich auf hybride Kombinationen dieser Ansätze.

Hinweisen muss man sicherlich darauf, dass die Corona-Pandemie für manche
autoritäre Regime ein willkommener Vorwand ist, um die Grundrechte der Bürger
zu beschneiden und damit asymmetrische Machtstrukturen dauerhaft zu zemen-
tieren (vgl. Kap. 3). So besteht in nicht wenigen Regionen der Erde die reale
Gefahr, dass ein zunächst nur auf begrenzte Zeit eingeführter Ausnahmezustand
zum Normalzustand wird. Gerade in vielen Staaten Afrikas gibt es tatsächlich eine
große Bedrohung für private Freiheiten und politische Mitwirkungsrechte. Unter
dem Vorwand, das Leben der Menschen zu schützen, werden vielerorts autoritäre
Formen der politischen Herrschaft eingeführt oder ausgeweitet.

Mit dieser Beobachtung soll kein Generalverdacht gegen die politischen
Maßnahmen zur Eindämmung des Infektionsgeschehens geschürt werden. Die
Corona-Pandemie ist keine bloße Inszenierung zum Zwecke der Einschüchte-
rung der Bevölkerung, sie ist nicht von Kapitalisten oder autoritären Regimen
zur Ausbeutung und Unterdrückung von Menschen in die Welt gesetzt worden.
Die Corona-Krise kann für diese Zwecke benutzt werden, aber die Ursachen für
ihre Entstehung sind aus diesem Grund doch nicht auf besondere wirtschaftliche
oder politische Interessen zurückzuführen.

Was dann die kulturellen Auswirkungen der Corona-Krise anbelangt, so muss
man sich an erster Stelle die Folgen der Schutzmaßnahmen vor Augen halten. In praktisch allen Staaten der Erde ist das kulturelle Leben für einige

Zeit fast vollständig zum Erliegen gekommen. Theateraufführungen, Kinobesuche und Konzertveranstaltungen fielen aus. Mit einem etwas erweiterten Begriff von Kultur kann man dann fortfahren: Restaurant- und Kneipenbesuche sowie Gottesdienste waren untersagt, zu Sportveranstaltungen war kein Publikum mehr zugelassen. Zwar gibt es für diese Aktivitäten inzwischen zahlreiche Ersatzangebote im Internet, doch geht in der virtuellen Welt des Internets ein wesentliches Element der Teilhabe an kulturellen Ereignissen verloren. Die Anwesenheit von anderen Menschen ist ja nicht nur bei einem Fußballspiel im Stadion oder bei einem Kneipenbesuch von großer Bedeutung. Auch eine Theateraufführung oder eine Konzertveranstaltung erlebt man im unmittelbaren Beisein anderer Menschen anders als alleine zu Hause vor dem Bildschirm. Die Gemeinschaftserlebnisse, die wir bei kulturellen Veranstaltungen aller Art haben können, sind sicherlich nicht vollständig durch das Internet zu ersetzen.

Die Kultur stiftet eine Gemeinsamkeit unter den Menschen, sie regt zur Ausbildung eines gemeinsamen Selbstverständnisses an, sie hat auf diese Weise auch einen Anteil daran, wie wir unser Zusammenleben verstehen und gestalten. Wenn wir nun am Besuch von bestimmten Veranstaltungen gehindert werden, so wird uns damit ein wichtiges Medium zur Selbstreflexion entzogen – und das in einer Zeit, in der die Menschen mehr denn je auf eine gemeinschaftliche Selbstreflexion angewiesen sind. Außerdem treffen die Einschränkungen, die im Zuge der Corona-Krise erlassen wurden, viele Kulturschaffende und -einrichtungen unmittelbar in ihrer wirtschaftlichen Existenz. Mit den Auftrittsmöglichkeiten fallen auch die Verdienstquellen weg, und viele berufliche Existenzen von Künstlern werden der Corona-Krise zum Opfer fallen müssen.

Wir können uns natürlich kein vollständiges Bild über die kulturellen Auswirkungen die Krise machen. Ich liste hier nur einige Beispiele auf, an denen man heute schon die Auswirkungen der Pandemie in vielen Bereichen unseres Lebens ablesen kann.

Zunächst einmal hat die Krise in wenigen Tagen einen dramatischen Wandel unserer Arbeitswelt herbeigeführt. Viele Betriebe blieben ganz geschlossen, in vielen Bereichen wurde auf Homeoffice umgestellt. Ein großer Teil der Kommunikation in Betrieben setzt dabei nicht mehr das direkte Gegenüber der Gesprächspartner voraus, man spricht per Video-Schaltung miteinander. Auf diese Weise führt die Corona-Krise zu einem erheblichen Schub der Digitalisierung unserer Arbeitskultur – mit all den Vor- und Nachteilen, die mit den neuen Formen der Kommunikation einhergehen. Auch die Schulen haben im Laufe der Krise für einen gewissen Zeitraum vollständig vom Präsenzbetrieb auf Homeschooling umgestellt. Die Kinder erhalten ihre Arbeitsaufträge per Mail oder via

Cloud, und sie schicken ihre Ergebnisse auf demselben Weg wieder an ihre Lehr-
kräfte zurück. Schon von klein auf gewöhnen sich die Kinder auf diese Weise an
eine intensive Nutzung von digitalen Medien.

Darüber hinaus gibt es gravierende Auswirkungen auf unser Freizeitverhal-
ten. Reisen waren für einen gewissen Zeitraum vollständig verboten. Auch der
öffentliche Raum jenseits von Arbeit und Freizeit, die Orte, an denen sich die
Menschen zufällig begegnen, die Straßen, die Parks und die öffentlichen Gebäude
wie bestimmte Ämter oder Bibliotheken verändern ihr Aussehen radikal. Die
Menschen sind angehalten, eine Minimaldistanz von 1,50 m zu wahren, sie sollen einen Mund-Nasen-Schutz tragen, sie sollen auf das Händeschütteln und auf
die Bildung von größeren Gruppen verzichten. All diese Maßnahmen könnten die
Art und Weise, wie sich Menschen in Zukunft begegnen werden, grundlegend
verändern.

Schluss

9

Die Corona-Pandemie hat der ganzen Menschheit mit einem Schlag nicht nur die Bedeutung der Gesundheit vor Augen geführt, sondern vor allem auch die globalen Dimensionen dieses Guts klar gemacht. Während viele Kriege und ein großer Teil der Migration ohne Staatsgrenzen gar nicht zu denken sind, kennen viele Infektionskrankheiten keine nationalen Grenzen und breiten sich im Zeitalter der Globalisierung – im wahrsten Sinne des Wortes – in Windeseile über den ganzen Globus aus. Im vorliegenden Büchlein sollten wichtige Fragen einer normativen Bewertung der gesundheitlichen Folgen und der Bekämpfung von Pandemien aufgeworfen und beantwortet werden.

Schon der Begriff und die Bewertung der Gesundheit werfen verschiedene philosophische Probleme auf. Was zunächst deren Begriff angeht, so habe ich mich einer Position angeschlossen, die die Gesundheit als eine Abwesenheit von körperlichen oder geistigen Störungen versteht. In unsere Vorstellung von Gesundheit spielen aber normative Voraussetzungen hinein, die sowohl zwischen Kulturen als auch zwischen Einzelpersonen umstritten sein können. Was die spezifisch ethischen Fragen nach der globalen Gesundheit in Zeiten der Pandemien angeht, so verfügen wir im Rahmen einer Idee des kosmopolitischen Suffizientarismus über ein relativ einfaches und sehr allgemeines Kriterium: Jedem Menschen sollte ein ausreichendes Maß an Versorgung zur Verfügung stehen; alle Menschen sollten auf diese Weise gesund genug bleiben können.

Anschließend bin ich auf die besonderen Herausforderungen eingegangen, mit denen wir in Zeiten der Corona-Pandemie konfrontiert werden. Auf einer Makro-Ebene rangiert der Wert des Lebens eines einzelnen Menschen für viele Deontologen vor dem Wert der wirtschaftlichen Leistungsfähigkeit einer Gesellschaft. Manche radikalen Deontologen plädieren daher für drastische Einschränkungen von Grundfreiheiten, um die Ausbreitung des Corona-Virus einzudämmen und

P. Rinderle, *Ethik der Pandemie*, essentials, https://doi.org/10.1007/978-3-658-35452-7_9

das Leben jedes einzelnen Menschen zu schützen. Zum einen können Deontologen aber auch den Wert der Grundfreiheiten des Menschen berücksichtigen, und zum anderen können moderate Deontologen soziale und psychische Kosten der Einschränkungen in ihre Überlegung mit einbeziehen. Aus diesem Grund gibt es auch einige Konvergenzen mit einer konsequentialistischen Auffassung, die allein die Auswirkungen bestimmter Maßnahmen auf das umfassende, aus einer reinen Aggregation zu errechnende Wohl der Gesamtbevölkerung ins Auge nimmt. Weder der Wert des Lebens eines einzelnen Menschen noch der Wert bestimmter Grundfreiheiten haben in dieser Sicht eine absolute Bedeutung. Aber gerade auf einer Makro-Ebene wird einer konsequentialistischen Sichtweise ein besonderes Gewicht zukommen.

Auf der Mikro-Ebene des individuellen Handelns müssen wir die Prioritäten anders setzen. Die moralischen Pflichten von Individuen und die professionellen Verpflichtungen von Ärzten und Pflegenden wird man in erster Linie aus einer deontologischen Perspektive näher bestimmen müssen. Angehörige bestimmter Berufsgruppen erwerben im Rahmen ihrer professionellen Positionen zusätzlich spezielle Verpflichtungen, die zwar über die moralischen Pflichten von anderen Menschen hinausgehen, ihnen aber doch keine unzumutbaren Heldentaten abverlangen. Ein Arzt wird in erster Linie die Gesundheit seiner Patienten im Blick haben müssen. Das schließt nicht aus, dass er in Situationen der Knappheit von Ressourcen unter Umständen gezwungen sein kann, auch konsequentialistische Überlegungen anzustellen. Selbst wenn der deontologischen Sicht auf einer Mikro-Ebene also ein Vorrang zukommen mag, so lässt sich auch dort nicht völlig auf konsequentialistische Ergänzungen verzichten.

Abschließend bin ich zunächst auf die ethische und politische Bedeutung der Wissenschaften eingegangen. Der Erforschung der Ursachen, der Verbreitung und der Bekämpfung einer Pandemie kommt eine große Bedeutung zu. Einerseits stehen Wissenschaftler ebenfalls in einer besonderen Pflicht zur Eindämmung des Infektionsgeschehens; andererseits entheben uns die Erkenntnisse, die uns die Wissenschaften zur Verfügung stellen, doch nicht von genuin ethischen Güterabwägungen im Rahmen von selbstbestimmten, individuellen und politischen Entscheidungen. Zuletzt habe ich dann noch die politischen und kulturellen Herausforderungen der Corona-Krise angesprochen. In vielerlei Hinsicht wird uns die Pandemie zum Umdenken zwingen. Sie wirft nicht nur schwierige Fragen der gerechten Verteilung der Gesundheitsversorgung unter den Menschen auf, sie wird auch im Hinblick auf die politische Legitimation von Herrschaft sowie die Weiterentwicklung unseres kulturellen Selbstverständnisses nicht ohne gravierende Konsequenzen bleiben.

Was Sie aus diesem *essential* mitnehmen können

- Die Klärung des Begriffs und des Werts der Gesundheit
- Eine Orientierung über verschiedene ethische Theorien
- Einen innovativen Vorschlag zur Lösung ethischer Konflikte
- Die Frage nach den Anwendungsbedingungen von Gerechtigkeit
- Eine Unterscheidung von Moral und positivem Recht
- Eine Aufforderung zum Nachdenken über das gute Leben

© Der/die Herausgeber bzw. der/die Autor(en), exklusiv lizenziert durch
Springer Fachmedien Wiesbaden GmbH, ein Teil von Springer Nature 2021
P. Rinderle, *Ethik der Pandemie*, essentials,
https://doi.org/10.1007/978-3-658-35452-7

Literatur

Agamben, Giorgio. 2021. *An welchem Punkt stehen wir? Die Epidemie als Politik*. Wien: Turia + Kant.

Budnik, Christian. 2021. Vertrauen als politische Kategorie in Zeiten von Corona. In *Nachdenken über Corona. Philosophische Essays über die Pandemie und ihre Folgen*, Hrsg. G. Keil und R. Jaster, 19–31. Ditzingen: Reclam.

Colgrove, James. 2019. Immunization and ethics: Beneficence, coercion, public health, and the state. In *The Oxford handbook of public health ethics*, Hrsg. A.C. Mastroianni, J.P. Kahn, und N.E. Kass, 435–447. Oxford: Oxford University Press.

Daniels, Norman. 2008. *Just health. Meeting health needs fairly*. Cambridge: Cambridge University Press.

Deutscher Ethikrat. 2019. *Impfen als Pflicht? Stellungnahme*. https://www.ethikrat.org/filead min/Publikationen/Stellungnahmen/deutsch/stellungnahme-impfen-als-pflicht.pdf.

Deutscher Ethikrat. 2020. *Solidarität und Verantwortung in der Corona-Krise. Ad-Hoc-Empfehlung*. file:///C:/Users/PC/AppData/Local/Temp/ad-hoc-empfehlung-corona-krise.pdf. Zugegriffen: 31. Mai 2021.

Faden, R., J. Bernstein, und S. Shebaya. 2020. Public health ethics. In Stanford Encyclopedia of Philosophy. Hrsg. E. N. Zalta. https://plato.stanford.edu/entries/publichealth-ethics. Zugegriffen: 31. Mai 2021.

Fidler, David P. 2004. *SARS, governance, and the globalization of disease*. Houndmills: Palgrave Macmillan.

Giubilini, Alberto. 2019. *The ethics of vaccination*. Cham: Palgrave Macmillan.

Hanrieder, Tine. 2016. Orders of worth and the moral conceptions of health in global politics. *International Theory* 8: 390–421.

Harris, J., und S. Holm. 1995. Is there a moral obligation not to infect others? *British Medical Journal* 311: 1215–1217.

Holland, Stephen. 2015. *Public health ethics*, 2. Aufl. Cambridge: Polity.

Hörnle, T., S. Huster, und R. Poscher, Hrsg. 2021. *Triage in der Pandemie*. Tübingen: Mohr Siebeck.

Hörnle, Tatjana. 2021. Ex-post-Triage: Strafbar als Tötungsdelikt? In *Triage in der Pandemie*, Hrsg. T. Hörnle, S. Huster, und R. Poscher, 149–186. Tübingen: Mohr Siebeck.

Ifo. 2020. *Die Bekämpfung der Coronavirus-Pandemie tragfähig gestalten.* file:///C:/Users/PC/AppData/Local/Temp/Coronavirus-Pandemie-Strategie-Fuest-Lohse-etal-2020–04.pdf. Zugegriffen: 31. Mai 2021.

Jecker, N.S., A.G. Wightman, und D.S. Diekema. 2021. Vaccine ethics: An ethical framework for global distribution of COVID-19 vaccines. *Journal of Medical Ethics* 47: 308–317.

Kamm, Frances M. 2013. *Bioethical prescriptions. To create, end, choose, and improve lives.* Oxford: Oxford University Press.

Labonté, Ronald, und Arne Ruckert. 2019. *Health equity in a globalizing era.* Oxford: Oxford University Press.

Mannino, Adriano. 2021. *Wen rette ich – Und wenn ja, wie viele? Über Triage und Verteilungsgerechtigkeit.* Ditzingen: Reclam.

Powers, Madison, und Ruth Faden. 2006. *Social justice. The moral foundations of public health and health policy.* Oxford: Oxford University Press.

Prantl, Heribert. 2021. *Not und Gebot. Grundrechte in Quarantäne.* München: Beck.

Quante, Michael. 2011. *Einführung in die Allgemeine Ethik,* 4. Aufl. Darmstadt: Wissenschaftliche Buchgesellschaft.

Rawls, John. 1975 [1971]. *Eine Theorie der Gerechtigkeit.* Übers. v. H. Vetter. Frankfurt a. M.: Suhrkamp.

Reid, Lynette. 2020. Triage of critical care resources in COVID-19: A stronger role for justice. *Journal of Medical Ethics* 46: 526–530.

Rinderle, Peter. 2005. *Der Zweifel des Anarchisten. Für eine neue Theorie von politischer Verpflichtung und staatlicher Legitimität.* Frankfurt a. M.: Klostermann.

Rinderle, Peter. 2013. Demokratische Legitimität und wissenschaftliche Expertise in Zeiten des Klimawandels. *Jahrbuch für Wissenschaft und Ethik* 18: 19–50.

Rinderle, Peter. 2021a. *Grundlinien einer globalen Ethik. Gerechtigkeit, Politik und Kultur im 21. Jahrhundert.* Stuttgart: Metzler.

Rinderle, Peter. 2021b. John Stuart Mill. Über die Freiheit. In *John Stuart Mill Handbuch.* Hrsg. F. Höntzsch. Stuttgart: Metzler (im Erscheinen).

Schramme, Thomas. 2019. *Theories of health justice.* London: Rowman&Littlefield.

Schröder-Bäck, Peter. 2014. *Ethische Prinzipien für die Public-Health-Praxis: Grundlagen und Anwendungen.* Frankfurt: Campus .

Selgelid, Michael J. 2011. Justice, infectious diseases and globalization. In *Global health and global health ethics,* Hrsg. S. Benatar und G. Brock, 89–96. Cambridge: Cambridge University Press.

Smith, Maxwell, und Ross Upshur. 2019. Pandemic disease, public health, and ethics. In *The Oxford handbook of public health ethics,* Hrsg. A.C. Mastroianni, J.P. Kahn, und N.E. Kass, 797–811. Oxford: Oxford University Press.

Solbakk, J. H., H. B. Bentzen, S. Holm, A. K. T. Heggestad, B. Hofmann, A. Robertsen, A. H. Alnaes, S. Cox, R. Pedersen, und R. Bernabe. 2020. Back to WHAT? The role of research ethics in pandemic times. *Medicine, Health Care and Philosophy.* https://www.research.manchester.ac.uk/portal/files/178596228/Solbakk2020_Art icle_BackToWHATTheRoleOfResearchEth.pdf. Zugegriffen: 28. Mai 2021.

Snowden, Frank M. 2019. *Epidemics and society. From the black death to the present.* New Haven: Yale University Press.

Tännsjö, Torbjörn. 2021. Who cares? – The COVID-19 Pandemic, global heating and the future of humanity. *Journal of Controversial Ideas* 1. https://journalofcontroversialideas. org/article/1/1/134. Zugegriffen: 12. Mai 2021.

United Nations. 2020. *Sustainable development goals report.* https://unstats.un.org/sdgs/ report/2020/The-Sustainable-Development-Goals-Report-2020.pdf. Zugegriffen: 31. Mai 2021.

Venkatapuram, Sridhar. 2019. Health disparities and the social determinants of health: Ethical and social justice issues. In *The Oxford handbook of public health ethics*, Hrsg. A.C. Mastroianni, J.P. Kahn, und N.E. Kass, 266–276. Oxford: Oxford University Press.

Verweij, Marcel. 2005. Obligatory precautions against infection. *Bioethics* 19: 323–335.

WHO. 2006. *Constitution of the world health organization.* https://www.who.int/governance/ eb/who_constitution_en.pdf. Zugegriffen: 31. Mai 2021.

WHO. 2016. *Guidance for managing ethical issues in infectious disease outbreaks.* https:// apps.who.int/iris/bitstream/handle/10665/250580/9789241549837-eng.pdf?sequence= 1&isAllowed=y. Zugegriffen: 31. Mai 2021.

WHO. 2019. *World health statistics 2019: Monitoring health for the SDGs.* Genf: World Health Organization.

Winslow, Gerald R. 1982. *Triage and justice.* Berkeley: University of California Press.

Printed by Printforce, the Netherlands